PÉTITION

Aux deux Chambres.

Après quatorze ans de sollicitations infructueuses auprès des Ministres de Sa Majesté, les Colons de la Guyane française, dont les propriétés ont été confisquées au mépris de la capitulation de 1809, qui céda cette colonie au Portugal, se trouvent dans la nécessité de s'adresser aux Chambres législatives pour obtenir la réparation qui leur est due.

La Guyane française fut occupée par les Portugais le 12 janvier 1809.

On joint ici un exemplaire imprimé de la capitulation proposée par le Commandant en chef de cette colonie, et acceptée par les Commandans des forces combinées, de terre et de mer, anglaises et portugaises. L'art. 9 de cette capitulation porte : « *Que les propriétés particulières, de quelque espèce et de quelque nature qu'elles puissent être,* » *seront respectées et que les habitans pourront* » *en disposer comme par le passé.* »

Trois ans après, le Prince Régent de Portugal, mettant en oubli la capitulation de 1809, rendit une ordonnance par laquelle il déclara réuni par le droit de conquête, aux biens de la Couronne, les propriétés des colons de la Guyane, qui avaient quitté la colonie sans en disposer; et de ceux qui, se trouvant en France lors de la conquête, n'étaient pas rentrés, depuis lors, dans la colonie.

Cette ordonnance fut publiée à la Guyane française, le 23 avril 1812; on en joint pareillement ici un exemplaire imprimé, ainsi que de la proclamation du Gouverneur portugais relative à sa mise à exécution.

Les soussignés furent atteints par les dispositions de cette ordonnance.

Les Chambres apprécieront si le droit de conquête a pu légitimer une pareille mesure, après une capitulation qui était la sauve-garde de toutes les propriétés particulières

Aucun article de cette capitulation, stipulée en quelque sorte sous la garantie de l'Angleterre, n'avait imposé aux habitans qui n'auraient pas voulu continuer à résider dans la colonie, l'obligation de vendre leurs propriétés dans un délai déterminé, sous peine de les perdre; elle n'obligeait pas non plus les propriétaires absens, lors de la conquête, à rentrer dans la colonie pour pouvoir conserver leurs propriétés. L'art. 10 porte textuellement : « *Que les habitans de la colonie conserveront leurs » propriétés et auront la faculté de continuer à y » résider, en se conformant aux ordres et formes » établies par la souveraineté portugaise.* » Ce même article laisse les habitans libres de vendre leurs propriétés, et de se retirer de la colonie, à l'époque qui leur conviendra.

L'état de guerre dans lequel la France était alors avec le Portugal, s'opposait à ce que les soussignés pussent faire des représentations au Prince Régent.

Ce ne fut qu'en 1814, lorsque, par le traité du 30 mai, la Guyane française fut rendue à la France, que les soussignés purent réclamer contre la mesure arbitraire dont ils avaient été les victimes.

Ils implorèrent alors la protection du gouvernement du Roi, pour obtenir la réparation du dommage qu'ils avaient souffert; mais leurs réclamations demeurèrent sans effet jusqu'en 1817, époque à laquelle l'autorité du Roi de France fut rétablie à la Guyane française.

M. le lieutenant-général comte Carra-Saint-Cyr, chargé de prendre possession de cette colonie, arriva à Cayenne, au mois de novembre 1817; plusieurs des colons dépossédés s'y rendirent avec lui;

il eut ordre de réintégrer dans leurs propriétés, ceux d'entre eux dont les biens n'avaient pas été vendus, et de constater les pertes éprouvées par suite de l'Ordonnance du Prince Régent, du 23 avril 1812.

Il adressa son travail, appuyé de pièces justificatives, au Ministre, de la marine qui le transmit à celui des affaires étrangères, à qui il appartenait de suivre officiellement cette affaire auprè du Gouvernement portugais.

M. le baron Hyde-de-Neuville, ambassadeur du Roi, à Lisbonne, eut ordre, en 1822, de présenter les réclamations des soussignés au Gouvernement portugais; mais son ambassade se termina sans qu'aucun résultat pût être obtenu; et, depuis lors, les soussignés n'ont cessé de renouveler leurs instances auprès des ministres de Sa Majesté.

Les soussignés ne se dissimulent pas que les troubles qui ont agité le Portugal, et plus tard, la séparation du Brésil, ont dû contrarier et retarder la marche des négociations; mais ces causes de retard n'existent plus aujourd'hui, et le retard éprouvé ne peut qu'ajouter à l'intérêt que doivent inspirer leurs réclamations.

Leur droit, incontestablement établi par les art.

6, 9 et 10 de la capitulation de 1809, est encore renforcé par les traités de paix du 30 mai 1814 et du 20 novembre 1815.

Par ces traités, la France s'était engagée à faire liquider et à payer les sommes qu'elle se trouvait devoir dans des pays hors de son territoire.

Elle a rempli fidèlement cet engagement.

Une convention, passée le 25 avril 1818 avec les Puissances alliées, a complété sa libération, au moyen de douze millions quarante mille francs de rente 5 pour c/o, inscrits à leur profit sur le grand livre de la dette publique.

L'article 7 de cette convention contient la répartition que les Puissances ont faite entre elles, de cette somme, et l'on y voit figurer le Portugal pour une quotité de 40,900 fr. de rente.

A la vérité, le Portugal, ne jugeant pas cette indemnité suffisante, s'est refusé à la recevoir; mais il n'en est pas moins constant que la convention du 25 avril 1818, a achevé la libération de la France envers toutes les Puissances alliées, au nombre desquelles était le Portugal.

Les 40,900 francs de rente dont il s'agit, demeurés en dépôt depuis lors entre les mains des Commissaires français chargés de l'exécution de la convention du 25 avril 1818, se trouvent être le gage naturel des sujets français qui ont eux-mêmes des créances à exercer envers le Portugal.

Il en avait été de même à l'égard de l'Espagne, relativement aux créances françaises garanties par le traité du 20 juillet 1814.

Le Gouvernement espagnol s'était refusé, comme le Gouvernement portugais, et par le même motif, à recevoir les huit cent cinquante mille francs de rente qui lui avaient été alloués par la convention du 25 avril 1818, dans la répartition des 12,040,000 f. de rente; la France retint la rente, et fit valoir, de son côté, les droits de ses sujets, fondés sur le traité du 20 juillet 1814; une convention particulière, conclue le 30 avril 1822, entre les Gouvernemens français et espagnol, concilia tous les intérêts; les 850,000 f. de rente furent partagés, et chaque Gouvernement se chargea de payer à ses propres sujets, leurs créances garanties par les traités.

Des Commissaires furent nommés de part et d'autre pour procéder à la liquidation des titres respectifs, et les sujets Français, créanciers de l'Espagne, ont ainsi obtenu la justice qui leur était due.

Pourquoi n'en serait-il pas de même à l'égard

des sujets Français qui ont des droits également incontestables envers le gouvernement Portugais ?

Pourquoi seraient-ils les seuls de tous les sujets de Sa Majesté, dont les droits, garantis par les traités, n'ont pas encore été satisfaits ?

Notre Gouvernement aurait-il manqué de force ou de volonté pour faire valoir leurs droits ?

Les traités ont pourvu aux moyens de parvenir à l'extinction des dettes réciproques, en confiant à des commissions mixtes l'axamen des titres et l'apurement des réclamations; mais si le Portugal différait indéfiniment de nommer ses Commissaires, ou s'il se refusait à faire usage de ce moyen, pourquoi les 40,900 francs de rente, restés en dépôt, ne leur seraient-ils pas distribués à valoir sur ce qui leur est dû, sauf à obtenir plus tard une justice entière ?

Le capital de cette rente, accru des arrérages cumulés depuis 1818, représente déjà une somme d'environ 1,200,000 francs, qui servirait à éteindre ces créances, sinon en totalité, du moins en grande partie.

Il paraîtrait que, depuis la séparation du Brésil, le Portugal se croirait exonéré de toute responsabilité relativement aux réclamations des Colons de Cayenne, et voudrait en rejeter tout le poids sur le Brésil; mais cette prétention doit être repoussée par le soussigné, attendu que la séparation du Brésil est postérieure à la capitulation de 1809, et à la restitution de 1817, et que les arrangemens intérieurs de la Monarchie portugaise ne sauraient affaiblir leur garantie.

En résumé, les soussignés sont victimes d'une violation manifeste de la capitulation de 1809, qui fit passer la Guyane française sous la domination du Portugal; leur spoliation remonte à l'année 1812; depuis quatorze ans ils réclament envain la justice qui leur est due, et c'est parce qu'ils l'ont réclamé envain pendant quatorze ans, qu'ils emploient aujourd'hui le seul moyen légal qui leur reste pour l'obtenir, en dénonçant aux Chambres législatives le déni de justice dont ils sont les victimes.

S'il eut été fait droit à leurs réclamations, la Guyane française rivaliserait aujourd'hui avec les plus florissantes Colonies européennes du nouveau monde.

Cette colonie renferme dans son sein tous les

élémens de la plus haute prospérité coloniale ; son sol vierge et ses terres limonneuses sont éminemment propres à la culture des productions des deux Indes ; ses habitans sont économes, laborieux et persévérans ; privés de capitaux, abandonnés en quelque sorte par la métropole, écrasés d'impôts : les résultats qu'ils ont cependant obtenus, depuis la paix, suffisent pour autoriser les plus grandes espérances, et sont pour eux un puissant motif d'encouragement ; ils n'importunent personne de leurs sollicitations ; ils attendent tout du temps qui, tôt ou tard, doit attirer vers eux l'attention des capitalistes ; mais ils demandent hautement le paiement de ce qui leur est dû, et ils insistent d'autant plus fortement pour l'obtenir, qu'ils en ont le plus urgent besoin pour donner à leurs exploitations toute l'étendue dont elles sont susceptibles.

Tout en portant de justes doléances contre un état de choses qui leur cause un grave préjudice, les soussignés se plaisent à consigner ici les témoignages de la reconnaissance dont ils sont pénétrés pour M. Noyer, ancien député de la Guyane à Paris ; M. le Vicomte de Champagny, député actuel, et M. le Baron Mylius, ancien gouverneur de cette Colonie, qui n'ont cessé d'appuyer leurs réclamations, et ont fait tous leurs efforts pour leur faire obtenir la justice qui leur est due.

Paris, ce 12 avril 1828.

Signé : E. QUESNEL. — POUDAVIGNE. — BENOIST-CARÉ. — G^me PAUL, fondé de pouvoir de LEBLOND. — LEROY DE LA BRIÈRE. — VERNIER, ancien fondé de pouvoir de FASSY. — D. DECOCOX, — PUISSANT.

CAPITULATION

Proposée par M. Victor HUGUES, *Officier de la Légion-d'Honneur, Commissaire de Sa Majesté l'Empereur et Roi, Commandant en chef à Cayenne et Guyane française, et acceptée par* MM. James-Lucas YEO, *Capitaine de vaisseau de Sa Majesté britannique, commandant les forces navales combinées anglaises et portugaises,* Manoel MARQUES, *Chevalier des Ordres militaires de St-Benoît de Aviz, Lieutenant-Colonel, Chef et Directeur du corps d'artillerie du Para, Commandant l'avant-garde de l'armée portugaise.*

QUOIQUE les postes avancés aient été emportés par la force, et que le Commissaire de l'Empereur et Roi, commandant en chef, soit réduit avec sa garnison, au chef-lieu, il doit aux sentimens d'honneur qui l'ont toujours distingué, à la valeur et à la bonne conduite des officiers et soldats sous ses ordres, à l'attachement des habitans de la colonie pour Sa Majesté l'Empereur et Roi, il doit, dis-je, déclarer hautement qu'il se rend, moins à la force qu'au système destructeur d'affranchir tous les esclaves qui se rangeraient du côté ennemi, et d'incendier toutes les habitations et postes où il y aurait résistance.

Que le Commissaire de l'Empereur Commandant en chef, après avoir vu l'incendie de plusieurs habitations, notamment de la sienne, la plus considérable de la colonie, ne l'avait attribué d'abord qu'aux événemens de la guerre ; que la désorganisation des ateliers et l'affranchissement des esclaves, ne lui avait paru qu'une de ses mesures momentanées ; mais que s'étant assuré, par écrit, que MM. les Officiers anglais et portugais agissaient en vertu des ordres de Son Altesse Royale le Prince Régent ;

Voulant donc sauver la colonie d'une destruction totale, et conserver à son Auguste Maître des sujets qui lui ont donné tant de preuves d'attachement et de fidélité, le Commissaire de Sa Majesté Impériale et Royale remet la colonie aux forces de son Altesse Royale le Prince Régent, aux conditions suivantes :

Article premier. La garnison sortira de la place avec armes et bagages, et tous les honneurs de la guerre.

MM. les Officiers conserveront leurs épées, et les Officiers supérieurs leurs chevaux ; elle mettra bas les armes et s'engage à ne point servir contre Son Altesse le Prince Régent et ses alliés pendant un an.

II. Il sera fourni, aux frais de Son Altesse le Prince Régent, des bâtimens pour transporter en France directement la Garnison, MM. les Officiers civils et militaires, tous les employés au service avec leurs familles et leurs effets, dans le plus court délai.

III. Il sera egalement fourni un bâtiment commode pour transporter en France le Commissaire de l'Empereur, Commandant en chef, sa famille, ses officiers, sa suite et ses effets, le Chef d'administration Ordonnateur, le Commandant des troupes, l'Inspecteur et le Commandant d'artillerie, avec leurs familles.

IV. Il sera accordé un délai convenable à MM. les Officiers qui ont des propriétés dans la colonie pour terminer leurs affaires.

V. Les arsenaux, batteries et tous les objets d'artillerie, salle d'armes, poudrières, magasin à vivres, seront remis sous inventaire, et dans l'état auquel ils se trouvent actuellement, et on indiquera où sont tous les objets.

VI. Tous les nègres esclaves, de part et d'autre, seront désarmés et renvoyés à leurs habitations respectives.

Les nègres français que MM. les Commandans de terre et de mer de Son Altesse le Prince Régent ont engagé pour le service, pendant la guerre, et à qui ils ont donné la liberté, en vertu de leurs ordres, seront renvoyés de la colonie, comme ne pouvant y être désormais qu'un sujet de trouble et de dissension.

MM. *les Commandans s'engagent, comme ils l'ont promis, de solliciter de Son Altesse le Prince Régent, le remplacement desdits esclaves ou une indemnité en faveur des habitans à qui ils appartiennent.*

VII. Les papiers, plans et autres choses appartenant au génie seront également remis.

VIII. Les malades et les blessés, obligés de rester dans la colonie, pourront en sortir avec tout ce qui leur appartient, lorsqu'ils seront en état de le faire, et en attendant, ils seront traités comme ils l'étaient ci-devant.

IX. *Les propriétés particulières, de quelque espèce et de quelque nature qu'elles puissent être, seront respectées; les habitans en pourront disposer comme par le passé.*

X. Les habitans de la colonie conserveront leurs propriétés, et pourront y résider en se conformant aux ordres et formes établies par la souveraineté sous laquelle ils demeureront; *ils seront libres de vendre leurs propriétés et de se retirer à l'époque qui leur conviendra, sans qu'il y soit mis obstacle.*

XI. Les lois civiles, connues en France sous le nom de *Code Napoléon*, et en vigueur dans cette colonie, seront suivies et exécutées jusqu'à la paix entre les deux nations. Les Magistrats ne pourront prononcer sur les intérêts entre particuliers, pour des discussions y relatives, qu'en vertu desdites lois.

XII. Les dettes, consenties par des particuliers pendant ou avant le temps fixépar l'article précédent, seront exigées conformément aux bases déterminées par ce même article.

XIII. Les papiers concernant les contrôles et matricules de la troupe seront emportés par le Quartier-maître.

XIV. Désirant conserver l'habitation à épiceries dite la Gabrielle, dans toute sa splendeur et dans toute son agriculture, il est donc stipulé qu'il ne sera détruit ni aucun des bâtimens, ni aucun des plantages, arbres et plantes; mais qu'elle sera conservée dans l'état actuel, telle qu'elle est remise entre les mains de MM. les Commandans de Son Altesse le Prince Régent.

XV. Tous les papiers des magasins, de l'inspection, du domaine, toute la comptabilite quelconque, seront déposés au greffe ou dans un autre lieu convenu pour y avoir recours au besoin. Le tout sera mis sous le sceau des deux Gouvernemens, et à la disposition de Sa Majesté Impériale et Royale.

XVI. La présente capitulation sera faite en trois langues et signée par les trois Officiers stipulans.

Aux postes avancés de Bourda, le 12 janvier 1809.

Signé : Victor Hugues, James-Lucas Yeo, et Manoel Marques.

AU NOM

DE SON ALTESSE ROYALE, LE PRINCE RÉGENT DE PORTUGAL, NOTRE SEIGNEUR.

JOAO-SEVERIANO-MACIEL-DA-COSTA, *Intendant, Général de Cayenne et Guyane,* DESEMBARGADOR ACRAVISTA DA CASA DA SUPLICAÇAO, *Commandeur de l'Ordre du Christ, etc., etc., etc.*

SON ALTESSE ROYALE LE PRINCE RÉGENT, NOTRE SEIGNEUR, a vu avec peine, par les rapports qui lui ont été adressés, que malgré les impôts dont les habitans de ce pays étaient déjà chargés lors de la conquête, les revenus publics ne suffisent pas, même pour les dépenses ordinaires du service ; mais suivant les sentimens de son cœur bienfaisant, au lieu d'une imposition extraordinaire de guerre qui égalat la recette à la dépense, comme il est d'usage partout en semblables circonstances, Son Altesse Royale, au contraire, vient de donner les ordres les plus positifs, pour que du trésor au Brésil on fournisse à cette administration tous les secours nécessaires.

En outre, ne s'écartant pas d'une seule ligne de sa morale reconnue, et voyant avec mépris tout ce que son ennemi a fait dans l'invasion du Portugal, où, après avoir été reçue comme protecteur, il n'a pas pardonné même à la propriété individuelle, *Son Altesse Royale ne veut que ce qui lui appartient incontestablement par le droit de Conquête*, et même encore, elle y fait, par une rare bénignité, des exceptions bien dignes d'un Souverain, père de ses sujets.

En conséquence, elle ordonne,

1°. Que les propriétés des individus qui se trouvaient dans ce pays, lors de la conquête, et en sont partis pour France, sans disposer de leurs biens comme ils le devaient pendant le long espace de temps qu'ils ont eu pour cela, soient considérées comme vacantes et soient réunies aux biens de la couronne, étant incompatible avec la raison comme avec la sûreté publique, que des individus qui sont devenus ses ennemis, conservent des propriétés dans le pays qu'ils ont abandonné.

2°. Que les propriétés de quelque nature et qualités qu'elles soient, des individus qui, lors de la conquête, se trouvaient en France, et s'y trouvent encore aujourd'hui et qui sont justement considérés comme ennemis, soient de même déclarées vacantes et réunies aux biens de la Couronne

3°. Que l'on excepte de cette règle les propriétés administrées par des pères ayant des enfans en France, *et vice versa*, ainsi que celles administrées par des époux ayant leur femme en France, *et vice versa*, pourvu toutefois qu'ils ne soient pas divorcés, et cela comme une faveur justement due aux liens étroits de la ligne ascendante et descendante, et un religieux respect à la sainteté du mariage.

4°. Que les propriétés des Français qui, lors de la conquête, se trouvaient établis dans des pays amis, soient de même exceptés.

5°. Que les dettes passives dont pourraient se trouver

grévées les propriétés réunies aux biens de la couronne, étant légalement prouvées, soient payées aux créanciers qui ne feront pas partie des individus compris dans les articles 1 et 2.

En exécution de cette résolution royale,

Nous avons ORDONNÉ et ORDONNONS ce qui suit :

ARTICLE PREMIER. Sont déclarés sequestrées et réunies aux biens de la couronne, toutes les propriétés de quelque nature et qualité qu'elles soient, des individus compris dans les articles 1 et 2 de l'ordre royal, et non exceptées par les articles 3 et 4 dudit ordre.

II. Les administrateurs des propriétés exceptées par lesdits articles, présenteront à la secrétairerie de l'Intendance générale, dans le terme de quinze jours, à dater de la publication de la présente, tous les documens et titres qui prouvent l'exception.

III. Il sera fait un inventaire estimatif de chacune desdites propriétés réunies au domaine, y comprenant les meubles et tout ce qui en dépend, ainsi que les fruits récoltés ou objets manufacturés. Les Commissaires de quartiers, chacun d'eux pour son arrondissement, sont chargés de ces inventaires, et y feront assister les administrateurs des propriétés ou leur agent, ainsi que deux experts qu'ils nommeront à cet effet. Ces inventaires ainsi faits et signés par ceux qui y auront assisté, seront remis à la secrétairerie de l'Intendance.

IV. Les administrateurs actuels continueront dans l'administration et responsabilité de la propriété réunie, jusqu'à nouvel ordre ; ils seront tenus de remettre à ladite secrétairerie, dans l'espace de quinze jours après celui de l'inventaire, un compte exact des recettes et dépenses de leur administration, depuis le dernier compte réglé jusqu'au jour dudit inventaire. Les comptes relatifs aux dettes actives, dépôts divers, etc., partiront de même du dernier compte réglé, et devront être clos à la date de la publication de la présente; ils seront remis à la secrétairerie dans le délai de vingt jours pour les personnes résidentes en ville, et dans celui de quarante pour celles qui habitent les quartiers, à compter de la publication de la présente.

V. Ceux qui possèdent quelque bien en communauté avec un absent, dont la portion doit appartenir à la couronne, devront donner leur compte pour toute la propriété, en y joignant les pièces et titres qui prouvent la part appartenante à chaque co-propriétaire.

VI. Les administrateurs qui désireront continuer l'administration dont ils ont été chargés jusqu'à présent, feront leur déclaration par écrit, et l'on conviendra des conditions et de la commission qu'ils devront percevoir.

VII. Les créanciers des propriétés séquestrées présenteront à la secrétairerie de l'Intendance, leur compte avec les pièces justificatives desquelles il leur sera donné reçu. Les comptes seront examinés, pour ensuite procéder au paiement de ce qui sera dû.

VIII. Tous ceux qui cacheraient ou tenteraient de cacher quelque propriété, ou valeur de quelque nature que ce soit, faisant, en vertu de cette ordonnance, partie des biens de la couronne, ou qui aideraient, conseilleraient ou faciliteraient cette fraude, seront condamnés à payer le triple de la valeur des sommes cachées, et seront punis de peines arbitraires, comme individus suspects.

IX. La présente ordonnance sera lue, publiée, imprimée et affichée dans tous les lieux accoutumés; elle sera enregistrée aux greffes de la cour d'appel et du tribunal de première Instance, à la diligence de MM. le Procureur

Général et le Procureur Royal, qui sont chargés de tenir main à son exécution, et sera envoyée aux Commissaires de quartier.

Donné à Cayenne, en notre hôtel, le 23 avril 1812.

Signé : JOAO-SEVERIANO-MACIEL-DA-COSTA.

IMPRIMERIE DE SÉTIER,
Cour des Fontaines, n° 7, à Paris.

www.ingramcontent.com/pod-product-compliance
Lightning Source LLC
LaVergne TN
LVHW010018230826
846092LV00002B/881

9782019239145